65984760R00063

Made in the USA
Lexington, KY
31 July 2017